Tragödie am Matterhorn

-

14. Juli 1865

Der Autor: Ferdinand Kämpfer ist Student des Bachelorstudienganges Geschichte, Politik und Gesellschaft an der Universität Potsdam. Seit 2016 gibt er Stadtführungen und hält Vorträge über die Geschichte Thüringens in Gera. Privat war der Autor schon oft in den Alpen, sodass es für ihn immer wieder faszinierend ist, wie die Seilschaft um Whymper das Matterhorn mit einfachsten Mitteln bestieg.

Ferdinand Kämpfer

Tragödie am Matterhorn – 14. Juli 1865

Bibliographische Information der Deutschen Nationalbibliothek:

Die Deutschen Nationalbibliothek verzeichnet diese Publikation in der Deutschen Nationalbibliographie, detaillierte bibliographische Daten sind im Internet über dnb.dnb.de abrufbar.

TWENTY-SIX – der Self-Publishing-Verlag

Eine Kooperation zwischen der Verlagsgruppe Random House und BoD – Books on Demand

© 2019 Ferdinand Kämpfer

Herstellung und Verlag

Books on Demand – Norderstedt

ISBN: 978-3-740-762971

Das Büchlein ist Benedikt Perren, dem Nachfahren der Taugwalder, und Pen Hadow, dem Nachfahren des verstorbenen Douglas Hadow, gewidmet.

Inhaltsverzeichnis

Einleitung 7
Die Geschichte 8
Literaturverweise 60
Gedenken 62
Danksagung 63

Einleitung

Am 14. Juli 1865 begaben sich zwei konkurrierende Seilschaften auf den Weg zum Gipfel des Matterhorns. Der Berg galt als unbezwingbar, bis Italiener und Briten Mitte des 19. Jahrhunderts den eisernen Willen hatten, den Koloss zu besteigen. Die Seilschaft um den britischen Alpinisten Edward Whymper gewann den Wettlauf. Es war sensationell, dass erstmals Menschen das Matterhorn endgültig bestiegen. Doch seine raue Aura sollte sich rächen: Als die Männer den Berg herunterstiegen, fielen vier der sieben Bergsteiger in den Abgrund, weshalb die Erstbesteigung vorerst das Ende des Goldenen Zeitalters des Alpinismus einläutete. Was passierte beim Absturz genau? Wurde das Seil zerschnitten? Gab es Mordgedanken?

Mit dem Büchlein soll das Gedenken an die sieben Mutigen aufrechterhalten und das Geschehen wiedergeben werden. Es ist eine Art Gedenkschrift zum 155. Jahrestag der Erstbesteigung, die zum Erinnern einladen soll.

Ferdinand Kämpfer

Die Geschichte

Alles begann bei Edward Whymper, einem jungen Briten, der als Journalist und Illustrator tätig war und vom englischen Verleger Thomas Longman in die Berge geschickt wurde, um detaillierte Zeichnungen der Alpen und der Natur vorzunehmen. Whymper war im Jahr 1865, dem Jahr der Erstbesteigung des Matterhorns, 25 Jahre alt, ehrgeizig, neugierig und risikofreudig. So blieb es nicht nur beim Zeichnen der Berge aus einer Perspektive. Whymper führte sogenannte Erstbesteigungen durch, um vom Gipfel einen vollumfänglichen Blick auf Papier einzufangen. So reizte es den forschen Zeichner, möglichst schnell von Berg zu Berg zu gelangen.

Ab Mitte des 19. Jahrhunderts fanden die Alpen große Beliebtheit unter den Briten. Das sogenannte goldene Zeitalter des Alpinismus war geboren. Allerdings gab es bereits seit dem 18. Jahrhundert sogenannte Erstbesteigungen, womit der Grundstein des Alpinismus gelegt wurde. Führend waren hier vor allem Schweizer, Franzosen und Italiener.

Der junge Edward Whymper. Er spielte bei der Erstbesteigung des Matterhorns eine entscheidende Rolle.

Bildnachweis:
https://www.spri.cam.ac.uk/museum/exhibitions/whymper/n5_Pic0001.jpg

So wurde bereits im 18. Jahrhundert die Dufour-Spitze, der höchste Gipfel der Schweiz mit 4634 Metern, nach dem schweizer General Henri Dufour benannt.

Whymper galt als arroganter und barscher Mann, der zwar viele Berge bestieg, seine Erfolge jedoch ungern mit anderen Bergsteigern teilte. Zu seinen Erstbesteigungen zählen u.a. der Barre des Écrins sowie die Aiguille d´ Argentière, die der junge Engländer im Jahr 1864 zum ersten Mal unter anderem mit dem damals hoch angesehenen Bergführer Michel Croz aus Chamonix bestieg.

Doch der König unter den Westalpen blieb das Matterhorn. Es imponierte die Menschen schon damals, galt als rau und ungewiss, weshalb sich viele Bergsteiger an den Berg nicht wagten. Selbst Whymper war bereits mehrfach gescheitert. Er versuchte unter anderem mit dem italienischen Bergführer Jean-Antoin Carrel, den Berg von der italienischen Südseite, dem Liongrat, zu erklimmen – erfolglos. Das wurde dem Briten schnell klar, sodass er die anderen Bergsteiger darüber informierte, dass eine Besteigung auf diese Weise unmöglich sei.

In der Mitte des 19. Jahrhunderts glaubten die Alpinisten, dass die Südseite des Matterhorns leichter zu besteigen sei als die Nordeite. Schon 1862 wurde sie von italienischen und britischen Bergsteigern wie Carrel oder Tyndal bestiegen, nach dem die damals erreichte Spitze an der Südseite benannt wurde.

Bildnachweis:

https://www.active-mountains.at/produkt/matterhorn-ueberschreitung/

Der Italiener Jean Antoine Carrel war wie Whymper ebenfalls ein etwas ungehobelter Zeitgenosse, der jedoch große Erfahrung als Bergführer hatte, weswegen er sehr begehrt war.

Bildnachweis:
https://archive.benjaminschudel.com/nzz/matterhorn/index.de.html?mode=static

Mit Carrel beschloss Whymper, eine weitere Besteigung über eine andere Route durchzuführen. Doch bevor es dazu kam, sprang Carrel ab. Der Grund dafür war der italienische Ingenieur Felice Giordano, in dessen Diensten Carrel seit längerer Zeit stand. Hinzu kam, dass das Wetter im Sommer 1865 lange Zeit wortwörtlich keine guten Aussichten versprach.

Am 12. Juli 1865 stellte sich besseres Wetter ein, Whymper hatte allerdings immer noch keinen Bergführer, um den Berg sicherer erklimmen zu können. Er ahnte, dass zu dieser Zeit eine Besteigung bereits im Gange war. Tatsächlich stellte sich heraus, dass Jean-Antoine Carrel unterwegs war und ehrgeizig von der italienischen Bergseite versuchte, unbedingt als erster Mensch oben auf dem Gipfel anzukommen und zugleich die italienische Einigung im Jahr 1861 nachträglich symbolisch zu zelebrieren.

Faszinierende Aussicht. Die schweizerische Nordseite entlang des Hörnligrates wurde zur Route der Seilschaft um Edward Whymper im Juli 1865.

Bildnachweis: https://www.kienzi.ch/flights/2008/2008-11-08.htm

Edward Whymper befand sich im italienischen Örtchen Breuil (heute Cervinia) und plante nach Carrels Aufbruch, das Matterhorn von der Zermatter, also der schweizer Nordseite, zu besteigen. Wie die Erstbesteigung ausgesehen hätte, wenn Whymper allein seinen Plan durchgeführt hätte, kann niemand sagen. Doch just in diesem Moment kam ein weiterer Brite, der Adlige Lord Francis Douglas, nach Breuil. Er war ebenfalls ein Alpinist und befand sich auf einer Alpenreise, um Erfahrungen in der europäischen Bergwelt zu sammeln. Lord Douglas entstammte einem uralten schottischen Adelsgeschlecht, welches weitläufig mit dem Britischen Königshaus verwandt war.

Er stellte sich Whymper mit den Worten vor, dass jener das bedeutendste Gesprächsthema des renommierten, englischen Alpine Club sei. Der Alpine Club wurde im Jahr 1857 gegründet und war für die bessere Gesellschaft gedacht. Englische Adlige beziehungsweise Großbürger waren hier Stammgäste. Edward Whymper, der aus ärmlichen Verhältnissen stammte, hoffte natürlich, einmal selbst Mitglied des bedeutenden Clubs zu werden. Dass über ihn bereits gesprochen wurde, bewies, dass er den hohen Persönlichkeiten nicht gleichgültig war. Sein Name machte die Runde, und zumindest dadurch wurde er ein ideeller Bestandteil der hohen Versammlung.

Als Lord Douglas dem ehrgeizigen Whymper mitteilte, dass er in Zermatt einen Bergführer hätte, dauerte es nicht lange, bis beide sich von Breuil nach Zermatt im schweizer Kanton Wallis begaben. Auf dem Weg dorthin passierten sie einen der zahlreichen Bergbauernhöfe. Er gehörte der schweizer Familie Taugwalder. Peter Taugwalder war ebenfalls Bergsteiger und hatte schon einige Male mit Edward Whymper zusammengearbeitet. Er und sein Sohn, Peter Taugwalder junior – zu dem Zeitpunkt 22 Jahre alt – waren ebenfalls auf das Matterhorn neugierig geworden, sodass es zu einer schweizerisch-britischen Verbindung kam zwischen Whymper und Lord Douglas mit den Taugwaldern. Für diese war es ein glücklicher Umstand, dass reiche Briten die Matterhorn-Besteigung finanziell unterstützten. Dennoch ist es unwahrscheinlich, dass sich Taugwalder senior nur wegen des Geldes überreden ließ, um der Seilschaft der Erstbesteigung anzugehören. Ein alter Hase, wie es Taugwalder im Bergsteigen war, liebte das Klettern und Erkunden viel mehr als den Mammon.

Am Abend des 12. Juli 1865 steigen die vier Mutigen nach Zermatt hinab, um dort zu nächtigen und am nächsten Morgen die Route Richtung Matterhorn einzuschlagen. Peter Taugwalder Vater sollte die vierköpfige Seilschaft leiten. Sein Sohn wurde zum Bergführer deklariert. Gerade Whymper, aber auch Lord Douglas hofften, dass die Italiener bei ihrem Aufstieg noch nicht weit vorgedrungen waren. Ihre Ausrüstung platzierten sie an der Kapelle, um sie am nächsten Morgen sehr früh dort abzuholen. Ihr Domizil für eine Nacht war das Hotel Monte Rosa – noch heute ein luxuriöses Quartier. Benannt wurde es nach dem Monte Rosa-Massiv, dessen Hauptspitze die bereits erwähnte Dufour-Spitze ist.

Lord Francis Douglas war im Jahr 1865 gerade einmal 19 Jahre alt. Er hatte bereits einige Gipfel in den Alpen bestiegen und schloss sich dem Plan Edward Whympers an. Der Adlige verfügte zudem über die nötigen finanziellen Mittel, die die Erstbesteigung des Matterhorns überhaupt erst möglich machten.

Bildnachweis:

Wells, Colin: A Brief History of British Mountaineering, Kumbria 2001.

Peter Taugwalder Vater war ebenfalls ein sehr erfahrener Bergführer und Bergsteiger. Er und sein Sohn brannten genauso wie Whymper darauf, das Matterhorn zu besteigen.

Bildnachweis:
https://de.wikipedia.org/wiki/Peter_Taugwalder#/media/Datei:Peter_Taugwalder.tiff

Diese dürftige Aufnahme zeigt Peter Taugwalder Sohn, der bei der Erstbesteigung des Matterhorns 22 Jahre alt war.

Bildnachweis:

http://www.zermattbier.ch/files/images/Partnerschaft/_640x480_crop_center-center/Taugwalder_Sohn.jpg

Das Hotel Monte Rosa rechts im Vordergrund befindet sich unweit des Matterhorns, das links verdeckt wird.

Bildnachweis: https://www.monterosazermatt.ch/media/124195/hotel_001_boutique-hotel-zermatt_03.jpg

Bei ihrer Ankunft im Hotel stellten Whymper und Lord Douglas fest, dass sich weitere Teams zusammenfanden, die ebenfalls den Plan verfolgten, das Matterhorn zu besteigen. In diesem Moment kam es zu einem weiteren Zufall:

Pfarrer Charles Hudson, ein englischer Geistlicher und Bergsteiger, der damals in England als der beste Bergführer galt und ein Konkurrent Whympers war, dinierte zur selben Zeit im Monte Rosa und plante ebenfalls, das Matterhorn zu besteigen. Nach dem Zusammentreffen mit Whymper und Lord Douglas wurde entschieden, ihn und sein weiteres Team mitzunehmen. Zu jenem gehörte noch ein Brite – Douglas Hadow, der ebenfalls erst 19 Jahre alt war und ein typisch britischer Sportsmann. Auch der bereits erwähnte Michel Croz aus Chamonix gehörte dazu und war ebenfalls bestrebt, das Matterhorn zu besteigen.

Charles Hudson gehörte zu den bekanntesten britischen Alpinisten im 19. Jahrhundert. Er bestieg unter anderem als erster die Dufour-Spitze.

Bildnachweis:
https://fracademic.com/pictures/frwiki/67/Charles_Hudson.jpg

Douglas Hadow war ein Freund Hudsons, der als junger Mann bei weitem noch nicht derart in der Bergwelt erfahren war wie Charles Hudson oder Edward Whymper. Er sollte beim Unfall am Matterhorn eine entscheidende Rolle einnehmen.

Bildnachweis:
http://static.diepresse.com/images/uploads_380/f/d/d/4775901/hadow_1436799088699935.jpg

Michel Croz war ein berühmter Bergsteiger aus Chamonix. Ursprünglich wollte er im Juli 1865 andere Berge besteigen, schloss sich allerdings Charles Hudson und Douglas Hadow an.

Bildnachweis:
https://upload.wikimedia.org/wikipedia/commons/thumb/4/46/Michel_Croz.tiff/lossless-page1-1200px-Michel_Croz.tiff.png

Die Seilschaft wurde somit binnen kürzester Zeit gegründet. Sieben Menschen, die zuvor in dieser Konstellation noch nie zusammen auf Berge gestiegen waren, sollten nun zusammen das Matterhorn – den rauen und respekteinflößenden Riesen – erklimmen. Die Meinung heutiger Bergsteiger ist naheliegend: Um eine Erstbesteigung durchzuführen, müssen sich die Teilnehmer präzise darauf vorbereiten und können sich nicht willkürlich zusammenschließen. Der damalige Gedanke, das Matterhorn als Erster zu besteigen, lag viel mehr im Fokus als die eigene Sicherheit. Es war die Neugier und die Aufregung, aber auch die Konkurrenz untereinander, die die Seilschaft um Whymper auf den Berg trieb.

Am 13. Juli 1865 begann der Aufstieg. Die Sicht war gut und der erste Teil der Strecke konnte erstaunlich schnell bewältigt werden. Noch war es möglich, die italienischen Konkurrenten einzuholen. Edward Whymper schrieb später in seinem Buch ‚Eis- und Gletscherfahrten', dass einige Stellen vom Tal viel gefährlicher aussahen, als sie tatsächlich waren. Natürlich konnten dadurch einige Höhenmeter dazugewonnen werden.

Die Seilschaft legte knapp 200 Meter über der Hörnlihütte eine Pause ein und entschied, die Nacht dort zu verbringen. Das Gelände wurde erkundet und ein Zelt aufgeschlagen, was die Briten und Schweizer vor schlechtem Wetter schützen sollte. Auch die Seile wurden nochmals überprüft. Aus England waren für die Erstbesteigung drei Seile mitgebracht worden. Ein dünnes, schmales Seil, das damals zur Standardausrüstung gehörte, ein dickeres, jedoch unhandlicheres Seil, das als Ersatz gedacht war sowie ein spezielles, dehnbares Seil aus Hanf, das aus dem Alpine Club stammte und mit einem roten Faden versehen war.

Beim Abendessen waren die sieben Bergsteiger zuversichtlich und guter Dinge. Whymper wollte so schnell wie möglich weiter. Es war sein innerer, energischer Geist, der ihn immer wieder antrieb. Allerdings konnte er sich bei dieser Bergtour die Lorbeeren nicht allein verdienen.

Am 14. Juli 1865 gingen die Männer in aller Frühe weiter. Immer noch benutzten sie keines der drei Seile. Es ist schier unvorstellbar, dass diese Männer in solch einer

Die Hörnlihütte ist heute eine Schutzhütte und eine wichtige Station für den Aufstieg aufs Matterhorn.

Bildnachweis:

https://www.karcherdesign.nl/tl_files/referenzen/hoernlihuette/hoernlihuette_006_900x600.jpg

Höhe (über 3000 Meter) ohne Seil unterwegs waren. Außerdem spielt die Temperatur eine immense Rolle. Damals war es üblich das sogenannte Zwiebelmodell anzuwenden und mehrere Schichten übereinander zu ziehen. Leinenunterhemden, dünne Hemden, dünne und dickere Pullover sowie einige dünne lange Hosen waren etwa die Standardkleidung. Hinzu kamen die Schuhe, die oft mit Nieten zur besseren Stabilität ausgestattet waren und ein Eispickel, der als Stock und Hacke diente, falls es bei unhandlichen Stellen nicht voran ging.

Als sich die britisch-schweizerische Seilschaft auf knapp 4200 Metern befand, veränderten sich die geographischen Bedingungen. Das Terrain wurde schroffer und steiler, denn der Bergrücken des Matterhorns erscheint hier wie eine senkrechte Platte. Selbst Croz, der durch seine Erfahrung ein ausgezeichneter Kletterer war, erschreckte dies, und er fand, dass ab nun etwas völlig anderes begann. Daraufhin entschlossen sich die Männer, das Spezialseil des Alpine Club zu verwenden und alle sieben damit zu verbinden. Dadurch sollte gewährleistet werden, dass alle zusammen ziehen würden, falls ein Mitglied stürzen sollte. Andererseits liegt es zumindest aus heutiger Sicht nah, dass dies, sobald zwei oder mehr stürzten, alle anderen mit in den Tod reißen würde.

Whymper und seine Mitläufer beeilten sich, um definitiv schneller als die Italiener zu sein. Sie änderten ihre Route von Nordost nach Nord, wodurch diese noch steiler als zuvor wurde. Dadurch konnte sich die siebenköpfige Gruppe nicht mehr derart schnell fortbewegen. Die Bergsteiger merkten schnell, dass es nun doch nicht, wie Whymper noch gehofft hatte, so schnell wie zuvor weitergehen würde. Als problematisch erwies sich weiterhin der Schnee, der einige Felsen verdeckte, und es gab rutschige Stellen und sogar Hohlräume. Deshalb achteten die Bergsteiger von nun an ganz besonders auf jeden Schritt und zugleich auf ihre Mitläufer. Für den unerfahrenen Douglas Hadow waren das wohl psychologisch, aber auch technisch gesehen große Hürden. Erfahrene Bergsteiger hätten spätestens an so einer Stelle das Unternehmen abgebrochen. Nicht so Edward Whymper oder Michel Croz, die vermutlich nur noch das Ziel vor Augen sahen und an ein Umkehren nicht mehr denken konnten.

Plötzlich wurde die Strecke ungewöhnlich flach, sodass Whymper eine Entscheidung traf, die sich negativ auf diese Erstbesteigung auswirken sollte. Für ihn ging es deutlich zu langsam voran. Er wollte der erste Mensch sein, der sich zumindest den letzten Teil der Route allein vorknöpfte. So seilte sich Whymper von Michel Croz – dem vordersten der Seilschaft – ab und lief weiter ohne Seil bergauf. Croz folgte ihm hastig, ohne sich jedoch an ihn anzuseilen. Whymper schrieb später in seinem Werk über seine Bergbesteigungen, dass für ihn noch auf den letzten Metern nicht klar war, ob er tatsächlich vor den Italienern auf der Spitze ankommen würde.

Am Nachmittag gegen 13:40 Uhr war es soweit: Edward Whymper bestieg als erster Mensch den Gipfel des Matterhorns. Seine Freude war unermesslich groß, denn er hatte sein Ziel konsequent verfolgen können. Auch die anderen der Seilschaft kamen mittlerweile auf dem höchsten Punkt bei 4478 Meter über NN an.

Es war ein unbeschreibliches Gefühl, als Erster auf einem so scheinbar unbezwingbaren Gipfel zu stehen. Whymper sah die Italiener, die sich noch deutlich weiter weg befanden, als er angenommen hatte. Er rief den Italienern zu, dass es für sie zu spät sei und erfreute sich seines Sieges. Da Carrel nicht zu verstehen schien, was ihm zugerufen wurde, warf Whymper einige Steine den Hang hinab, um darauf aufmerksam zu machen, dass er der Erstbesteiger war. Die Italiener stiegen enttäuscht nach Breuil ab, um ihren Landsleuten mitzuteilen, dass sie es nicht geschafft hätten. Aus Ehrgeiz beschloss Carrel, dennoch einige Tage nach der Erstbesteigung bis auf die Spitze des Matterhorns zu gelangen, was ihm und seiner Seilschaft auch gelang.

Die britisch-schweizerische Seilschaft verblieb eine Stunde auf dem Gipfel und besann sich allmählich. Peter Taugwalder Vater war besonders stolz, dass er es mit seinem Sohn auf den Berg geschafft hatte. Doch er war in Sorge darüber, wie sie den Weg gemeinsam sicher und stabil zurückgehen könnten. Immerhin waren in der Seilschaft Leute wie Douglas Hadow, der noch keine große Erfahrung im Bergsteigen hatte.

Der Ausblick vom Matterhorn ist majestätisch. Das Gefühl und die Vorstellung, die ersten Menschen auf diesem Gipfel zu sein und ihn mit einer so lose gebundenen Seilschaft erklommen zu erhaben, war für alle Beteiligten sicherlich unbeschreiblich.

Bildnachweis:
https://upload.wikimedia.org/wikipedia/commons/b/be/Dent_d%27Hérens_from_the_Matterhorn.jpg

Es war etwa 15 Uhr am Nachmittag, als sich Croz, Hadow, Hudson und Lord Douglas auf den Rückweg begaben. Anstatt auf die anderen zu warten, schlossen sie sich zu viert an ein Seil. Edward Whymper fertigte noch einige Skizzen an, um sie später seinem Verleger zeigen zu können. Außerdem schrieb er die Namen der Erstbesteiger auf ein Stück Papier und verschloss dieses in einer Flasche.

Währenddessen begab sich Taugwalder Vater auf den Rückweg und schloss sich den vier vorigen Alpinisten an. Schlussendlich folgten Whymper und Taugwalder Sohn, die sich zu zweit anseilten und so einen Teil der Strecke gingen.

Keiner wartete auf den anderen, sodass hier vermutlich der Konkurrenzgedanke erneut vorherrschend war. Wieso sollten die Bergsteiger sonst jeweils getrennt voneinander bergab loslaufen? Taugwalder Vater holte bald so schnell auf, dass er sich mit dem dünnen Hilfsseil mit Lord Douglas verband. Auch Whymper und Taugwalder Sohn kamen gut voran und seilten sich mit Taugwalder

Die Zeichnung von Edward Whymper zeigt Whymper und Croz, als sie auf den Berg ankamen. Erstaunlich ist, wie detailliert Whymper die Felsen und die Menschen zeichnete. Er war wahrlich ein guter Illustrator.

Bildnachweis:

http://cdn2.spiegel.de/images/image-866795-galleryV9-ajod.jpg

Vater zusammen. Die Seilschaft war von nun an wieder vollständig, allerdings kletterten sie ohne wirklichen Halt an den Felsen bergab. Der Vorschlag, die Seile um einige der Felsvorsprünge zu legen und damit einen stabileren Halt zu gewährleisten, fand kein Gehör. So gingen die Männer einen Schritt nach dem anderen langsam bergab. Für Douglas Hadow war dies sicherlich ein furchtbares Erlebnis.

Die Vorstellung, dass alle sieben an einem Seil hingen und damit die Bewegungsfreiheit deutlich eingeschränkt wurde, sodass der menschliche Körper in einen Starrzustand geriet, ist schrecklich. Vor allem der junge Hadow geriet deshalb in einen Angstzustand, sodass Croz ihm half, seinen Fuß sicher aufzusetzen. Doch Hadow rutschte an einer glatten Fläche ab und fiel in den Abgrund. Dadurch fielen ebenfalls Michel Croz, Charles Hudson und Lord Douglas. Michel Croz, so Whymper, hing wohl noch an einer Felsplatte und schrie, dass er sich nicht halten könne. Dann stürzte auch er in die Tiefe.

Whymper und die beiden Taugwalder waren wie gelähmt, als sie die Schreie ihrer Kameraden hörten. Sie brüllten die Namen ihrer gefallenen Mitstreiter, doch erhielten keine Antwort. Es dauerte eine ganze Weile, bis sie sich bewusst wurden, dass es zu spät war und der Berg seinem Namen als rauer Fels gerecht geworden war. Whymper schrieb in seinem Buch über die Alpen, dass die Taugwalder weinten und verzweifelt waren. Der Brite schien sich erneut ins Rampenlicht zu stellen, denn es wäre unvorstellbar, wenn selbst ein rauer Mann wie Whymper in so einer Situation keine Emotionen zeigte

Als sie sich nach längerer Zeit wieder sammelten, begaben sich die zwei Taugwalders und Whymper auf den weiteren Rückweg. Sie übernachteten auf einer Felsplatte und sprachen kein weiteres Wort miteinander. An dieser Stelle schrieb Whymper, dass auch er am ganzen Leib gezittert habe und ihm deutlich bewusstwurde, dass es auch ihn treffen könnte. Sieben Mal hatte er bereits das Matterhorn bestiegen, immer wieder war er gescheitert und dabei einmal 60 Meter in die Tiefe gefallen. Diesmal wollte er – gerade nach dem verheerenden Unfall – heil ins Tal zurückgelangen.

.

Gegen Mittag des 15. Juli 1865 erreichten die drei Alpinisten Zermatt. Die Menschen verstanden schnell, dass etwas nicht stimmte, und sofort rückte die Schuldfrage in den Vordergrund, die noch heute die Geschichte um die Erstbesteigung berührt. Mit der Erstbesteigung des Matterhorns war das Ende des Goldenen Zeitalter des Alpinismus (vorerst) besiegelt.

Die Leichen wurden im Laufe der nächsten zwei Tage gesucht. Anhand von Taschen und Jackenfetzen konnten die Identitäten ausfindig gemacht werden. Die Leiche von Lord Francis Douglas wurde jedoch bis heute nie gefunden. So schaltete sich sogar Königin Victoria ein, indem sie zukünftige alpine Touren verbat, da ihr das britische Blut zu wertvoll sei, als dass es in den Bergen vergossen werden sollte.

Am 21. Juli 1865 kam es zur Gerichtsverhandlung in einem Zermatter Hotel. Geleitet wurde diese allerdings von einem Hotelier, sodass die Verhandlung von Laien durchgeführt wurde. Zunächst wurde Edward Whymper dazu befragt, der seine Erzählung beim Aufbruch vom

Die von 1837 bis 1901 regierende Königin Victoria entstammte dem deutschen Haus der Welfen. Als es im Jahr 1865 zum Unglück am Matterhorn kam und dabei ein entferntes Familienmitglied starb, verbat sie den Engländern, zukünftig solche Expeditionen zu unternehmen.

Bildnachweis:
https://i.pinimg.com/originals/18/a8/77/18a8772fd914e8c928ae28b9a718c64e.jpg

Der Franzose Gustave Duré (1832-1883) fertigte eine Litographie an, auf der er das Unglück am Matterhorn festhielt.

Bildnachweis:

https://www.aargauerzeitung.ch/schweiz/150-jahre-erstbesteigung-die-tragoedie-nach-dem-gipfelsturm-129325411#fullscreen=true&galleryAssetId=129325433&imageAssetId=129325431

Zeltlager über der Hörnlihütte begann. Er schilderte, dass beim Rückweg Hadow große Probleme gehabt habe und Croz ihm half. Allerdings sei Hadow ausgeglitten und habe Croz und die anderen zwei in den Abgrund gezogen. Weil Taugwalder Sohn und Whymper so stark am Seil zogen, konnte Taugwalder Vater gehalten werden, sodass er nicht mitstürzte. Diese Kraft, die auf dem Seil lag, hatte zur Folge gehabt, dass das Seil zwischen Taugwalder Vater und Lord Douglas riss.

Nach der Verhandlung mit Whymper wurde Peter Taugwalder Vater vorgeladen, um seine Version zu schildern. Auf ihm lasteten größere Probleme, da er selbst Bergführer war und dadurch eine größere Verantwortung zu tragen hatte. Er sagte aus, dass er bereits am Abend vor dem Aufstieg in Zermatt die anderen Alpinisten davor gewarnt habe, dass zwei Bergführer (Croz und er) zu wenig waren. Da Whymper und Hudson gesagt hätten, dass auch sie sich mittlerweile auf steilem Gelände bestens auskennen würden, endete die Diskussion darüber.

Weiterhin berichtete Taugwalder Vater, dass Michel Croz das Anseilen übernommen habe. Der Rückweg sei mit dem Spezialseil des Alpine Clubs bestritten worden und nicht mit dem dickeren, unhandlicheren Seil. Taugwalder Vater seilte sich an Lord Douglas und wartete auf Whymper und Taugwalder Sohn, die ebenfalls mit dem dünnen Seil verbunden wurden. Laut Peter Taugwalder war dieses Seil dennoch stabil genug, um sie zusammenzuhalten. Im Moment des Absturzes habe er das dünne Seil zwischen Whymper und ihn um einen Felsvorsprung gewickelt. Wieso verwendete er ein dünnes Seil zur Anbindung? Taugwalder Vater rechtfertigte sich dadurch, dass das Spezialseil des Alpine Clubs zu kurz gewesen sei, um sich noch daran zu hängen. Dazu muss gesagt werden, dass die dünnen Seile damals Standardseile waren. Die Briten wussten durch ihre Seefahrergeschichte seit dem 16. Jahrhundert mehr über die Reißfestigkeit verschiedener Seile, weshalb sie diese Seile mit in die Berge brachten.

Peter Taugwalder sagte gegenüber dem Gericht aus, dass er fest daran glaubte, wenn das Seil nicht gerissen wäre, dass er mit Croz zusammen die anderen hätte halten können. Wer einmal in den Bergen war und an einem mittelsteilem Skihang zu Fall kam, der weiß, wie mühsam es ist, überhaupt wieder geraden Halt zu bekommen. Nun passiert so ein Unfall am Matterhorn, zudem an einer steilen Stelle – wie hätten die Bergsteiger sich gegenseitig halten können? Der Berg ist der natürlich Stärkere, was sich vor allem an solchen Stellen zeigt.

Die Aussage über den Halt der Mitläufer war auch deshalb merkwürdig, da Croz ebenfalls stürzte. Wie hätte denn Croz die anderen drei über ihm unterstützen können? Meinte Taugwalder etwa, dass er Lord Douglas hätte halten können und Croz Douglas Hadow? Selbst das ist an solchen Stellen mit einer derart ungünstigen Sicherung nicht möglich.

Im Dorf wurde Taugwalder Vater von vielen Leuten bewundert, aber es gab auch einige, die ihn verabscheuten oder gar beneideten. Selbst der Pfarrer aus der Zermatter Kirche betonte gegenüber Taugwalder immer wieder, dass er von Anfang an gegen solche Bergsteigungen war. Taugwalders sollten lieber bei ihren Kühen auf dem Bergbauernhof bleiben, als sinnlos zu klettern.

In einer weiteren Gerichtsverhandlung kam es zu Befragungen über die Unterschiede der Aussagen von Whymper und Taugwalder. Noch immer blieb Taugwalder bei seiner Aussage, dass er seinen Sohn, Whymper und sich durch das Seil, was er im entscheidenden Moment um einen Felsen band, retten konnte. Durch seine unnachgiebige Haltung kam es zum Seilriss zwischen Taugwalder und Lord Douglas. Dieselbe Meinung vertrat auch Whymper, der wie Taugwalder der Auffassung war, dass Douglas Hadow tatsächlich nur ein Amateur in der Bergwelt gewesen sei.

Das Zermatter Gericht beurteilte den Vorfall als einen tragischen Unfall, der durch Douglas Hadow ausgelöst wurde. Das ist eine sehr vage Unterstellung. Dafür, dass Douglas Hadow als Freund Hudsons auf diese Tour eingeladen wurde, lag die Verantwortung nicht ausschließlich bei ihm. Es hätte ja auch sein können, dass zum Beispiel Charles Hudson das Seil nicht straff genug gehalten hatte und dadurch das Unglück passiert war.

Das zerrissene Seil, das heute im Matterhorn Museum in Zermatt ausgestellt wird, wirft noch heute Fragen auf.

Bildnachweis:
https://www.welt.de/img/vermischtes/mobile168079845/1872504287-ci102l-w1024/150-Jahre-Erstbesteigung-des-Matterhorns.jpg

Die Schuhe von Lord Douglas, dessen Leiche nie gefunden wurde, verweisen durch die Spezialnägel auf bessere Standfestigkeit.

Bildnachweis:
https://storytelling.nzz.ch/2015/matterhorn/data/images/320/21.jpg

Der Schuh von Douglas Hadow wirkt eher wie ein Schuh, der für einen Spaziergang gemacht ist. Damit ist es aus heutiger Sicht erst recht wagemutig und gefährlich, so einen steilen Berg mit solchen Schuhen ohne Nägel zu besteigen.

Bildnachweis:

https://storytelling.nzz.ch/2015/matterhorn/data/images/1600/24.jpg

War es wirklich das Seil, dass gerissen war? Oder wurde es womöglich zerschnitten? Für die Presse kamen selbstredend sofort Fragen auf. Das war damals nicht viel anders als heute. Die Presse war hungrig nach Erzählungen. Wenn einmal eine Nachricht eine gewisse Kontinuität gefunden hat, ist sie nicht mehr brauchbar. Sobald aber Gerüchte, Vermutungen und anderes Gerede an die Öffentlichkeit kommen, werden sie sofort in sämtlichen Medien verbreitet.

Die Wiener Neue Freie Presse veröffentlichte einen großen Artikel über das Hilfsseil und den erfahrenen Edward Whymper. Darin wurde behauptet, dass dieser beim Sturz das Seil zwischen Lord Douglas und Taugwalder zerschnitten haben könnte. In so einer Situation überhaupt daran zu denken und binnen Sekunden nach unten zu laufen, um schnell beim Vordermann das Seil zu kappen, wäre jedoch nicht nur unverantwortlich, sondern erscheint auch unwahrscheinlich.

In Interlaken, wo sich Whymper unmittelbar nach der Verhandlung hinbegab, erkannten die Leute ihn kaum wieder. Er soll sehr blass und bleich gewesen sein und schaute sehr verstört aus. Nach diesem Artikel hätte durchaus Mord als neue Anschuldigung im Raum stehen können. Darauf stand im Kanton Wallis die Todesstrafe, weshalb Whymper erst recht sehr unglücklich über diese Vorgänge war.

Der Materialforscher Paul Smith aus Zürich untersuchte im Zusammenhang mit einer Dokumentation des SRF über die Erstbesteigung des Matterhorns das Seil aus dem Museum. Tatsächlich wirken die Faserenden viel zu gerade, als dass es sich um einen Riss handeln könnte. Sollte wirklich Whymper, der in der Aussage Taugwalders über den Vorfall viel weiter oben stand, das Seil zerschnitten haben? Das wäre bei einem so steilen Terrain sehr schwierig. In der Kürze der Zeit liegt es aus heutiger Sicht viel näher, dass Taugwalder Vater das Seil zerschnitt. Er befand sich in einer äußerst heiklen Lage, weswegen er das Seil um einen Felsen schlang, um besseren Halt für sich und die Hintermänner gewährleisten zu können. In dieser Situation konnte ihm klargeworden sein, dass vier Menschen bereits am Fallen waren und er und die anderen zwei Bergsteiger jederzeit ebenfalls in den Tod gerissen werden konnten. Darum griff er zum Messer und zerschnitt das Seil.

Vollständig beantworten lassen sich die mysteriösen Fragen nicht. Whymper hat nach dem Sturz das zerrissene Seil nach Großbritannien mitgenommen. Wie es schließlich ins Zermatter Museum kam, kann nicht geklärt werden.

Für die besagte Dokumentation ‚Tod am Matterhorn – Die tragische Geschichte der Erstbesteigung' wurde ein originalgetreues Seil nachgeflochten. Es wurde einem Test unterzogen, wodurch gezeigt werden sollte, bei wieviel Masse das Seil reißt. Das Ergebnis ist eindeutig: Das Seil reißt bei etwa 300 Kilogramm Belastung. Demnach liegt es aus heutiger Sicht am nächsten, dass das bewusste, sehr dünne Seil zwischen Taugwalder und Lord Douglas ebenfalls riss.

Edward Whymper zog sich vorläufig aus der Öffentlichkeit zurück und verfasste sein bereits erwähntes Buch, in dem er unter anderem Peter Taugwalder die Schuld am Unglück gibt. Er sei es gewesen, der sich bewusst für das dünnere Seil entschieden hatte. Whymper unterstellte

Taugwalder bewusste Fahrlässigkeit, weil jener sich schützen wollte, falls die ersten vier Alpinisten stürzen sollten. Taugwalder habe es so eingerichtet, dass die Bergsteiger vor ihm das schwache Seil verwendeten. Einem armen schweizerischen Bergbauern so etwas zu unterstellen, ist in der Tat beinahe frevelhaft. Durch diese Äußerungen sorgte Whymper zudem dafür, dass der bisher gute Ruf von Peter Taugwalder Vater Schaden nahm. Das ist deshalb problematisch, da keiner der Taugwalders in irgendeinem Dokument ihre Ansichten veröffentlicht hatten. Vermutlich konnten sie kaum lesen und schreiben.

Peter Taugwalder Vater wurde zunehmend depressiver. Seine Frau war bereits einige Jahre zuvor gestorben, im Jahr 1867 starb dann sein zweiter Sohn Josef, der ursprünglich ebenfalls bei der Erstbesteigung dabei sein sollte, aber nach Absprache mit den anderen Alpinisten ins Dorf zurückgegangen war. Taugwalder Vater plagten schwere, sicherlich unnötige Schuldgefühle. Whympers Aussage, dass er geistig verwirrt und als Bergführer nicht mehr fähig gewesen sein sollte, ließ ihn sein restliches Leben nicht mehr los. Als Konsequenz kamen anfangs noch wenige, bald schon gar keine Gäste mehr zu ihm, um mit Taugwalder Berge zu besteigen. Whymper schrieb weiter, dass die Taugwalders beim Abstieg darüber geklagt hätten, dass sie zumindest für diese Expedition vorerst kein Geld bekommen würden, da ihre Finanziers abgestürzt waren. Edward Whymper habe noch angeboten, die beiden Taugwalders zu bezahlen, doch diese hätten abgelehnt und zu Whymper gesagt, er möge lieber den Zeitungen sagen, dass sie nicht mehr bezahlt würden. Auch das ist eher unwahrscheinlich, denn die Taugwalders hatten in erster Linie das Bergsteigen im Sinn und nicht das Kapital. Sicherlich spielte Geld eine Rolle, und es ist anzunehmen, dass beide besorgt darüber waren, wie es in finanzieller Hinsicht weitergehen sollte, aber es ist unwahrscheinlich, dass sie sich Whymper gegenüber so merkwürdig verhalten hätten. Fraglich ist dennoch, wieso Peter Taugwalder nicht das Seil des Alpine Club an sich band. War es wirklich zu kurz?

Der britische Pionier Sir Arnold Lunn stellte im vergangenen Jahrhundert die These auf, dass Edward Whymper das Seil zerschnitten habe. Allerdings sei dies nicht beim Abgang passiert, sondern kurz bevor er den Gipfel erreichte. Whymper erzählte einem britischen Autor bei einem Abendessen, dass er das Seil zerschnitten habe, um beweglicher zu sein und die Route allein und schneller gehen zu können.

Darstellung der Seile beim Abgang:

1-2-3-4---5-6-7

Die einfachen Striche zwischen den Nummern 1, 2, 3 und 4 sowie zwischen den Nummern 5, 6 und 7 stellen die gleichen Seilstücke dar, da Whymper das Seil entzweischnitt. Es handelte sich um das leistungsfähigere Seil des Alpine Club. Mit diesem wurden Michel Croz (1), Douglas Hadow (2), Charles Hudson (3) und Lord Douglas (4) verbunden sowie Peter Taugwalder Vater (5), Edward Whymper (6) und Peter Taugwalder (7) verbunden.

Die Verbindung zwischen Lord Douglas und Peter Taugwalder war das dünne Seil (hier mit drei Strichen gekennzeichnet). Das dickere, unhandlichere Seil trug wahrscheinlich Michel Croz mit sich.

Edward Whymper verschweigt in seiner Erzählung vom Aufstieg den Seilschnitt. Stattdessen beschuldigt er Peter Taugwalder Vater, dass dieser böse Absichten gehabt haben solle bzw. um die Gefahr des dünnen Seils gewusst habe. Jener konnte aber gar nichts dafür, denn er selbst nahm sich das dünne Seil nur deshalb, da kein anderes zum Zeitpunkt des Abgangs vorhanden war. Das dickere Seil trug Michel Croz, der Erste in der Reihe. Das Seil des Alpine Club war vermutlich zu kurz und zweigeteilt.

Das Buch von Whymper war ein klarer Erfolg, nicht jedoch für die Taugwalders. Nur, weil Whymper die entsprechenden Mittel hatte, seine Geschichte des Matterhorns zu vermarkten, war das natürlich kein Grund, derart negativ über seine Bergkameraden zu schreiben. Insbesondere als Überlebender wäre an solcher Stelle mehr Respekt erforderlich gewesen.

Peter Taugwalder Vater wanderte daraufhin für einige Jahre nach Nordamerika aus, um Abstand zu gewinnen. Er kehrte allerdings wieder in die Schweiz zurück und half bei der Errichtung des Hotels Schwarzsee. Im Juli 1888 verstarb Peter Taugwalder im Alter von 68 Jahren.

Edward Whymper war nach dem Erfolg seiner Bücher ein wohlhabender Mann; ein Mitglied der höheren Gesellschaft wurde er dennoch nicht. Er heiratete, ließ sich daraufhin wieder scheiden und blieb im Wesentlichen ein Einzelgänger. Whymper starb am 16. September 1911 mit 71 Jahren in Chamonix in seinem Hotelzimmer. Richtig glücklich wurde Edward Whymper nach der Geschichte am Matterhorn wahrscheinlich nicht mehr. Sein Begräbnis war eine großartige Zeremonie. Aus Frankreich und der Schweiz erwiesen ihm die Leute die letzte Ehre.

In Zermatt wird heute noch mit dem Namen Whymper geworben. Nach der Tragödie am Matterhorn kamen trotz des Verbots der Queen viele britische Touristen und Alpinisten nach Zermatt, womit die Stadt zum Markennamen wurde. Die Taugwalders hingegen blieben lange Zeit unbeachtet. Die Nachfahren der Familie Taugwalder brachten in Zermatt ebenfalls eine Plakette mit der Erinnerung an gleich zwei Familienmitglieder, die den großen Berg der Schweiz zum ersten Mal mitbestiegen. Taugwalder Sohn blieb zeitlebens als Bergführer tätig und begleitete viele Zugereiste auf dem Weg zum Matterhorn. Taugwalder Vater soll ihm einst gesagt haben, dass es schade sei, dass Whymper überlebte und nicht der sympathische Lord Douglas. „Matterhorn Peter", wie Taugwalder Sohn später genannt wurde, bestieg das Matterhorn noch über einhundert Mal, bevor er 1923 im Alter von 80 Jahren starb.

Alle sieben Bergsteiger sind trotz der Umstände heute noch im Gedächtnis. Damit das so bleibt, soll diese kleine Gedenkschrift an die sieben Alpinisten erinnern, die es geschafft haben, einen solchen Berg zu erklimmen. Das sollte in erster Linie im Vordergrund stehen und nicht die Auseinandersetzungen zwischen Whymper und den Taugwaldern. Möge noch lange an den Mut der Sieben erinnert und sich nicht um Gerüchte gestritten werden.

Die Plakette in Zermatt erinnert an die beiden Taugwalder, die ebenfalls das Matterhorn als erste Menschen überhaupt mitbestiegen.

Bildnachweis:

http://dbsevice.toubiz.de/var/plain_site/storage/images/orte/zermatt/haus-taugwalder/poi/1625787-1-ger-DE/Poi_front_large.jpg

Er bleibt wohl noch lange im Gedächtnis der Schweizer und Engländer: Edward Whymper, dessen Plakette am Hotel Monte Rosa hängt.

Bildnachweis:

https://spimages.summitpost.org/228444.jpg?auto=format&fit=max&h=800&ixlib=php-2.1.1&q=35&s=8020fe7689aac418bafa167c0fba5dc2

Literaturverweise

Über die Erstbesteigung des Matterhorns gibt es außer dem Werk Whympers nicht viel an wissenschaftlicher Literatur. Das Büchlein entstand unter Verwendung von Whympers Publikation und der hier erwähnten schweizer Dokumentation des SRF von 2015, die dieser anlässlich des 150. Jubiläums drehte. Die Geschichte findet sich auf sämtlichen Internetseiten, speziell auf schweizer Seiten.

Siehe auch:

Grupp, Peter: Faszination Berg. Die Geschichte des Alpinismus, Köln u.a. 2008.

Whymper, Edward: Berg- und Gletscherfahrten in den Alpen, Braunschweig 1872.

Allgemeine Links:

https://www.diepresse.com/4775901/matterhorn-1865-und-das-goldene-zeitalter-des-alpinismus, zuletzt aufgerufen: 27.11.2019.

https://www.matterhornparadise.ch/de/Entdecken/Region/Matterhorn, zuletzt aufgerufen: 27.11.2019.

https://www.spiegel.de/geschichte/matterhorn-erstbesteigung-1865-wettrennen-endet-in-tragoedie-a-1042799.html, zuletzt aufgerufen: 27.11.2019.

https://www.welt.de/geschichte/article143832008/Die-dramatische-Erstbesteigung-des-Matterhorns.html, zuletzt aufgerufen: 27.11.2019.

https://www.zermattportal.de/matterhorn/erstbesteigung+matterhorn/, zuletzt aufgerufen: 27.11.2019

Link der Dokumentation:

https://www.youtube.com/watch?v=1POp3fsIsF8, zuletzt aufgerufen: 27.11.2019.

Bildnachweis Vorderseite:

Fotomontage der sieben Erstbesteiger:

https://www.journal21.ch/sites/default/files/styles/col-24/public/242951271_2.jpg?itok=iGrd4Pip, zuletzt aufgerufen: 27.11.2019.

Gedenken

In allererster Linie wird hiermit der Toten gedacht, die am Matterhorn am 14. Juli 1865 ihr Leben verloren. Ihre alpinistischen Errungenschaften sollen nie vergessen werden.

Michel Croz (1830–1865), Douglas Hadow (1846–1865)

Charles Hudson (1828–1865)

Lord Francis Douglas (1847–1865)

Ebenfalls gilt das Gedenken dem britischen Alpinisten Edward Whymper (1840–1911), der zwar mit seinen Äußerungen über die Taugwalder sehr umstritten ist, durch seine Aktivitäten und seinen Erfolgen in den Bergen unvergessen bleibt.

Abschließend seien Peter Taugwalder Vater (1820–1888) und Peter Taugwalder Sohn (1843–1923) erwähnt. Nach der Tragödie am Matterhorn geriet Taugwalder Vater in ungerechten Verruf. Sein Sohn führte noch weitere Neugierige bis zu seinem Tod aufs Matterhorn. Auch sie bleiben unvergessen.

Danksagung

Ein großer Dank richtet sich an meine Familie, die mir immer wieder die Möglichkeit gibt, über sämtliche historische Ereignisse zu sprechen. Dabei bedanke ich mich vor allem bei meiner lieben Mutter, die nicht nur ständig ein offenes Ohr für geschichtliche Ereignisse hat, sondern mich schon als kleiner Junge für die Bergwelt in sämtlichen Winterurlauben begeistern konnte.

Ebenfalls möchte ich meinem Freund Florian Albert danken, mit dem ich schon sehr oft über den Mythos Matterhorn diskutiert habe. Dabei war es nicht selbstverständlich, dass er sich dieser Gespräche annahm.